Pequeños exploradores

Vamos a descubrir

BERLÍN

Textos de Daniela Celli

Ilustraciones de Laura Re

QUERIDO PAPÁ, QUERIDA MAMÁ:

Es verdad, visitar una metrópoli como Berlín con tus hijos puede parecer complicado y agotador, pero te aseguro que también es increíblemente extraordinario y divertido. Porque no hay rincón de esta ciudad que no esté lleno de historias curiosas, como las de los hombrecitos del semáforo; conmovedoras, como las fugas rocambolescas para cruzar el Muro; divertidas, como la tradición de nadar en el lago vestidos de Papá Noel; o instructivas, porque los errores del pasado nos enseñan a ser y traer mejores personas al mundo.

ESTA GUÍA PRETENDE SER UNA TARJETA DE INVITACIÓN ESPECIAL PARA TI Y TU FAMILIA, PARA VIVIR UNA AVENTURA CAPAZ DE ENCENDER LA CHISPA EN LOS OJOS Y LOS LLENE DE ASOMBRO.

Entre sus páginas encontrarás cuatro itinerarios, escritos y pensados para tus hijos que, acompañados por el animal más querido por los berlineses, te guiarán por los museos más divertidos, los monumentos más fascinantes, las plazas, las fuentes y los parques. Para jugar a viajar desde casa y, claro está, también para viajar de verdad. Te he descrito todo lo que han amado mis hijos y que espero que también te fascine a ti y a tus pequeños exploradores.

Daniela Celli

A Simona, y a esas cáscaras de nuez
con las que empezó todo.

GUTEN MORGEN, MEIN KIND, ¡ME PRESENTO!

Mi nombre es Herr Bär Alex y, como ya habrás adivinado, soy un oso. ¡Yo te acompañaré a pasear por Berlín y juntos nos divertiremos mucho! Iremos a visitar a Hansel y Gretel y al Príncipe Rana, nos convertiremos en agentes secretos detectando micrófonos escondidos, haremos un viaje al pasado y otro al futuro y saldremos en busca de animales y... ¡de hombrecitos del semáforo!

¿Cómo vamos a conseguir todo esto y mucho más?
Pues bien, he preparado para ti CUATRO RUTAS DIFERENTES que nos llevarán a descubrir los lugares más fantásticos de la ciudad, dentro y fuera del centro. Cada ruta comienza con un mapa, en el que encontrarás representadas las etapas previstas junto con algunos datos útiles y curiosos. Y además, entre un recorrido y otro, he organizado algunos juegos para divertirnos juntos.

ALSO...
¿NOS PREPARAMOS PARA PARTIR?

3

ÍNDICE

RUTA - 1

p. 6 Mapa

p. 8 Puerta de Brandeburgo

p. 10 Reichstag

p. 13 Museo de Historia Natural

p. 12 Futurium

Tiergarten p. 14

RUTA - 2

p. 16 Mapa

p. 18 Potsdamer platz

p. 20 Legoland discovery center

p. 24 El Muro de Berlín

p. 23 Anoha, el mundo de los niños del museo judío

p. 22 Deutsches Spionagemuseum

p. 21 Deutschland Museum

RUTA - 3

p. 29 Mapa

p. 30 Alexanderplatz

p. 32 Catedral de Berlín

p. 33 DDR Museum

p. 36 Gendarmenmarkt

RUTA - 4

p. 38 Mapa

p. 40 Palacio de Charlottenburg

p. 42 La fuente de los cuentos de hadas

p. 46 Jardines del mundo

¡Hasta pronto! p. 47

BERLÍN

Hallo mein Kind, willkommen in Berlin!

MUSEO DE HISTORIA NATURAL 4

FUTURIUM 3

2

REICHSTAG

TIERGARTEN 5

1

PUERTA DE BRANDEBURGO

Nuestro primer día en Berlín comenzará como un rey, con la entrada a la ciudad a través de su ANTIGUA PUERTA. Después de descubrir todas las curiosidades sobre carros y caballos, daremos un paseo por las nubes, subiremos a una máquina del tiempo para ir de viaje al futuro y luego al pasado y, por último, nos relajaremos en un maravilloso parque, escuchando las dulces notas de un gigantesco carillón.

• El oso de Berlín

Hasta hace un tiempo se creía que el nombre *Berlín* tenía origen en la palabra alemana *Bär*, que en alemán significa OSO. En realidad, parece más probable que derive del eslavo *berl*, el «pantano» que en otros tiempos ocupaba esta zona de Alemania.

SEA CUAL SEA LA VERDAD, ES CIERTO QUE, EJEM, EL OSO ES EL ANIMAL MÁS QUERIDO POR LOS BERLINESES Y, DESDE HACE SIGLOS, EL SÍMBOLO DE LA CIUDAD.

• Los hombrecitos del semáforo

Caminando por las calles de Berlín, no podrás dejar de notar los INSÓLITOS PERSONAJES que pueblan los semáforos. El rojo, vigilante y orgulloso, y el verde alegre y saltarín. Son los *ampelmännchen*, nacidos en 1961 para frenar el peligro de accidentes debidos al aumento del tráfico por carretera.

¡NO SE PUEDE DECIR QUE NO SE VEAN BIEN!

PUERTA DE BRANDEBURGO

Guten Morgen, ¡comenzamos
la primera etapa de nuestro viaje!

La Puerta de Brandeburgo es el monumento más famoso de Berlín.
Fue encargada por el REY DE PRUSIA en 1788 y está inspirada en pórticos
que decoraban la antigua ciudad griega de ATENAS, de donde también surge
la idea de colocar en su cima a la diosa griega de la VICTORIA, Nike, al frente
de un gran carro tirado por 4 caballos.

• El «Ladrón de caballos»

En 1806, después de derrotar al ejército prusiano, NAPOLEÓN hizo desmontar
la cuadriga que terminó en doce cajas de madera con destino a París.
Afortunadamente, menos de diez años después, tras la batalla de Waterloo, Nike
y los caballos fueron devueltos sanos y salvos a casa.

DAS IST GUT!

• El único superviviente

Durante la Segunda Guerra Mundial el carro fue gravemente dañado por los bombardeos y por esta razón ha sido restaurado varias veces. La única pieza original que queda es la CABEZA DE UNO DE LOS CABALLOS que hoy se encuentra en exposición en el *Märkisches Museum*.

• La puerta de la suerte

La *Brandenburger Tor* constituía una de las entradas principales para entrar en Berlín, pero los ciudadanos solo podían pasar por las aberturas laterales.
La central estaba reservada al rey y a las grandes autoridades.

HOY, POR SUPUESTO, YA NO ES ASÍ, DE HECHO, SE DICE QUE PASAR POR EL MEDIO... ¡TRAE SUERTE!

REICHSTAG

Pero, ¿qué es esa espectacular cúpula transparente
que se vislumbra detrás de la puerta de Brandeburgo?
Folge mir Kind, ¡sígueme, vamos a ver!

El Reichstag es un gran edificio donde los POLÍTICOS ALEMANES se
reúnen para tomar decisiones importantes relacionadas con el país. Es un
lugar fascinante y lleno de LEYENDAS, como la del FANTASMA de un viejo
parlamentario que se dice que recorre los pasillos en las noches más oscuras
o la historia de una vieja moneda de la suerte escondida en algún lugar entre
sus piedras.

¿QUÉ TE PARECE SI INTENTAMOS BUSCARLA?

• Sostenible
La CÚPULA DEL PARLAMENTO esconde un secreto:
dentro del embudo se oculta un complejo sistema de
recuperación de calor que sirve para calentar de forma
natural el edificio e... ¡iluminarlo!

AL ENTRAR, ¡NO OLVIDES
RECOGER LA AUDIOGUÍA
PARA NIÑOS EN LA ENTRADA!

• Un paseo hacia el cielo

La cúpula, de 23 metros de altura y 40 metros de ancho, es sin duda la parte más increíble del Palacio. Está compuesta de vidrio y acero y en su interior tiene un embudo en forma de TROMPA hecho de 360 espejos

Subiendo por la rampa en espiral que la atraviesa por completo, no solo se puede disfrutar de una vista de 360° de Berlín, sino que durante los días soleados el cono de espejos refleja la luz creando una atmósfera de ensueño.

FUTURIUM

Hallo Freund, ¿viajamos al futuro?

A orillas del río *Spree*, a dos pasos del PALACIO DEL PARLAMENTO, se encuentra un espectacular museo gratuito habitado por robots, humanoides y frigoríficos parlantes.

• Una verdadera máquina del tiempo

Distribuido en tres grandes plantas, el *Futurium* es una verdadera MÁQUINA DEL TIEMPO compuesta por 800 paneles de vidrio y abierta a todos aquellos que se preguntan cómo podría ser nuestro futuro: ¿cómo viviremos? ¿Cómo estarán hechas nuestras casas? ¿Qué comeremos?

¡SI TIENES CURIOSIDAD POR SABERLO, ESTE ES EL LUGAR PARA TI!

• Una obra de arte insólita

En la explanada del Futurium se encuentra una EXTRAÑA ESCULTURA realizada por un grupo de artistas berlineses y compuesta por un enorme plato giratorio que se mantiene en equilibrio sobre una pértiga.

¡VEN AQUÍ A MEDIODÍA SI QUIERES VERLA EN ACCIÓN!

MUSEO DE HISTORIA NATURAL

¡Y ahora damos un salto al pasado!

El *Museum für Naturkunde* es un lugar fantástico para descubrir el desarrollo de la vida en nuestro planeta. Fundado hace más de doscientos años, reúne miles de HALLAZGOS de los mayores descubrimientos realizados por los EXPLORADORES de todo el mundo: animales prehistóricos, esqueletos y huevos de dinosaurios, meteoritos gigantes y aves primitivas.

• El dinosaurio jirafa

Entre los huéspedes más famosos del Museo se encuentra el esqueleto de un *Giraffatitan*, uno de los saurópodos más grandes del mundo. Este enorme animal, que vivió hace unos 150 millones de años, tenía un cuello muy largo y una constitución similar a la de la jirafa.

TIERGARTEN

¿Te apetece un poco de *Entspannung*?
¡Así es como en alemán llamamos a la relajación!

Con una superficie de 350 campos de fútbol, el Großer Tiergarten es el PULMÓN VERDE de Berlín y el parque más grande de la ciudad. Antiguamente «el Gran jardín» de los animales constituía la RESERVA DE CAZA del príncipe, pero hoy en día es un magnífico PARQUE que sirve de hogar a muchos animales salvajes. En su interior se puede correr, jugar, hacer un pícnic e incluso alquilar una barca de remos o un hidropedal en el estanque de Neuer See.

• El ángel de la paz

En el corazón del parque se encuentra la famosa *Siegessäule*, una torre de más de 66 metros de altura construida en 1873 para conmemorar las victorias de guerra. En su parte superior se encuentra la DIOSA DE LA VICTORIA, ¡una gran estatua de bronce que pesa lo mismo que 60 osos!

PERO AHORA, SÍGUEME QUE VAMOS A LA CIMA.
¿PUEDES SUBIR 265 ESCALONES?

¿TÚ TAMBIÉN ESCUCHAS ESTA BELLA MELODÍA?
¡VENGA, VAMOS A VER!

• Un *sehr groß* carillón

En los límites del parque hay una extraña torre de granito negro que no es más que un INSTRUMENTO MUSICAL GIGANTE. De hecho, en el interior de sus 42 metros se esconden 68 campanas que suenan todos los días a las 12:00 h y a las 18:00 h.

EN LOS DÍAS FESTIVOS SE PUEDE
ASISTIR A CONCIERTOS REALES
DEL *CARILLONNEUR.*

WUNDERBAR!
¡ME ENCANTA LA MÚSICA!

Busca y encuentra

un oso de peluche
una jarra de cerveza
un coche Trabant
una bufanda del Berlín

15

¡Otro día en Berlín!

EL MURO DE BERLÍN 6

DEUTSCHES SPIONAGEMUSEUM 4

POTSDAMER PLATZ 1

LEGOLAND DISCOVERY CENTER 2

DEUTSCHLAND MUSEUM 3

ANOHA 5

Hoy comenzaremos nuestra visita desde una plaza llena de extrañas calles y rascacielos. Subiremos a una plataforma panorámica para admirar la ciudad desde arriba y, relajándonos en el café de la terraza, decidiremos qué museos visitar. Porque, no sé si sabías, pero... ¡EN BERLÍN HAY MÁS MUSEOS QUE HORMIGAS EN UN PÍCNIC! Echa un vistazo al mapa y dime, ¿cuál te inspira más?

• Andando se despierta el apetito

Berlín es el paraíso de la *comida callejera*. Cada barrio está repleto de mercados, puestos y furgonetas repletas de delicias. Entre las COMIDAS MÁS POPULARES se encuentran el *Döner kebab*, un pan pita relleno de carne, ensalada, cebollas y especias; el legendario *Currywurst*, una SALCHICHA cortada en rodajas cubierta con una salsa picante y el *Kartoffelpuffer*, una crujiente TORTITA DE PATATA.

¡ME ENCANTA!

• Una gran recompensa

Y, por supuesto, está el *Brezel*, también llamado *Pretzel*, estrella de cada *Bäckerei* (panadería). Este legendario «pan salado» en forma de anillo con dos nudos debe su nombre a la palabra *pretiola*, que en latín significaba RECOMPENSA. De hecho, originalmente se daba como premio a los niños que aprendían de memoria los versos de la Biblia.

POTSDAMER PLATZ

¡Hemos llegado a la plaza más moderna de Berlín!

Reconstruida por completo después de la CAÍDA DEL MURO, (consulta la pág. 24) *Potsdamer Platz* nació de las mentes brillantes de los mejores arquitectos del mundo que se dedicaron a crear rascacielos de formas extrañas; como el *BlueMax theater*, un inmenso TEATRO DE CRISTAL que tiene una esfera de 35 metros insertada en su interior o el increíble *Sony center*, un complejo de siete edificios coronados por una enorme cúpula que simboliza el Monte Fuji japonés y que por la noche se transforma en un colorido *paraguas*.

Nombre: Bahntower
Año de construcción: 1998-2000
Altura: 103 metros
Plantas: 22
Características distintivas: Fachada curvilínea revestida de vidrio.

Nombre: Atrium Tower
Año de nacimiento: 1997
Altura: 106 metros (es el más alto de la plaza)
Plantas: 26
Características distintivas: Tiene un enorme cubo verde esmeralda en la parte superior.

Nombre: Kollhoff Tower
Año de nacimiento: 1999
Altura: 101 metros
Plantas: 25
Características distintivas:
en forma de escalera, tiene en la parte superior una plataforma panorámica (Panorama Punkt) con cafetería.

• Atención al tráfico

¡Hace cien años, *Potsdamer* era una encrucijada de calles atravesadas por 100 000 personas, 20 000 coches, cientos de carruajes y al menos 600 tranvías al día!

Para intentar controlar tal vaivén, en 1924 se instaló el primer semáforo de la nación, una TORRETA DE CONTROL en la que se sentaba un policía que regulaba las luces dispuestas en cinco lados.

¡Oh Mann, QUÉ CAOS!

SI TIENES CURIOSIDAD POR VER CÓMO ERA, EN LA PLAZA HAY UNA COPIA DEL SEMÁFORO.

LEGOLAND DISCOVERY CENTER

¿Te apasiona construir?

Dentro de *Miniland* serás catapultado a un Berlín hecho con más de... ¡DOS MILLONES DE LADRILLOS! Reconocerás la *Brandeburger Tor*, el *Reichstag* y muchos otros monumentos. Pero no solo eso. La fábrica te revelará todos los SECRETOS del proceso de producción, mientras que en el área de construcción podrás disfrutar inventando y creando. Y luego están el cine 4D y los paseos; ¡hechos con Lego®, *natürlich!*

• «Juega bien»

Los legendarios ladrillos de fama mundial nacieron en un pequeño pueblo de Dinamarca donde en 1934 OLE KIRK CHRISTIANSEN abrió una empresa de juguetes de madera. Con la llegada del plástico, el carpintero tuvo la idea de crear ladrillos de encastre... *und voila!* el hechizo se hizo realidad.
¿Pero de dónde viene el nombre Lego®? LA PALABRA *LEGO* PROVIENE DEL DANÉS *LEG GODT* QUE SIGNIFICA... «JUEGA BIEN».

DEUTSCHLAND MUSEUM

¿Eres una personita curiosa?

Si la respuesta es sí, este es el lugar adecuado para ti. En el *Deutschland Museum* es posible sumergirse totalmente, de manera original y atractiva, en 2000 años de HISTORIA ALEMANA: descubrir los grandes eventos e INVENTOS que han cambiado el mundo, las tradiciones más importantes e incluso —¡ñam!, los PLATOS TÍPICOS ALEMANES, a través de animaciones 4D, talleres creativos y extraordinarias INSTALACIONES interactivas.

• Los olores del pasado

Lo que hace especial a este museo es el hecho de que utiliza la tecnología más moderna para crear ambientes tan realistas que no solo se pueden ver y sentir, sino también tocar y... oler.

¡UNA VERDADERA MÁQUINA DEL TIEMPO!

DEUTSCHES SPIONAGEMUSEUM

¿Te fascina el mundo de los espías?

En este museo aprenderás todos los secretos del mundo del espionaje. Desde la historia de los agentes que trabajaron durante la GUERRA FRÍA, hasta la de personajes de ficción como el legendario JAMES BOND. Descubrirás inventos como los bolígrafos para tomar fotos o zapatos con teléfono integrado y te convertirás en un auténtico *007*, detectando MICRÓFONOS OCULTOS o intentando atravesar pasillos protegidos con rayos láser.

YO SOY DEMASIADO TORPE PARA HACERLO,
PERO TÚ PODRÍAS INTENTAR NO ACTIVAR *DER ALARM*.

• ¿Sabías que a los micrófonos ocultos también se les llama «chinches»?

Estos pequeños dispositivos utilizados para escuchar a las personas a distancia suelen colocarse dentro de los intersticios de un mueble o en huecos ocultos.

¡LOS MISMOS LUGARES DONDE ANIDAN
ESTOS PEQUEÑOS INSECTOS!

ANOHA,
EL MUNDO DE LOS NIÑOS DEL MUSEO JUDÍO

¿Te gustan los animales?
(*Roar*, ¡espero que sí!)

En Anoha podrás esconderte dentro de los tentáculos de un pulpo o bailar junto a un unicornio y subirte a una anaconda.
No *liebe Kind*, ¡no me volví loco!
Los animales de Anoha son unas extraordinarias ESCULTURAS realizadas con MATERIALES RECICLADOS y se pueden mover, acariciar, alimentar e incluso ayudar a subir a una gigantesca arca de Noé de madera. ¿ERES LO SUFICIENTEMENTE FUERTE COMO PARA PODER LEVANTAR UN OSO?

• Reparamos el mundo

Tikkun Olam es un concepto hebreo que significa REPARAR EL MUNDO. Imagina que el mundo es un gran rompecabezas en el que a veces las piezas se pierden o se rompen. Cuando hacemos buenas acciones como ayudar a los demás, ser amables o proteger la naturaleza es como si pusiéramos las piezas que faltan en su lugar y esas piezas hacen que el mundo sea más bonito. Anoha se ha creado inspirándose precisamente en este concepto.

ANOHA ESTÁ PENSADO PARA NIÑOS DE 3 A 10 AÑOS. ES GRATUITO, ¡PERO RECUERDA RESERVAR LA VISITA POR ADELANTADO!

EL MURO DE BERLÍN

¡Retrocedamos en el tiempo!

Después de la SEGUNDA GUERRA MUNDIAL, Berlín quedó dividida en dos partes: Berlín Occidental y Berlín Oriental. Como en la parte occidental se vivía mejor y muchos querían ir allí, el Gobierno de la parte oriental construyó un gigantesco muro de hormigón de casi cuatro metros de altura. No era posible cruzarlo sin permiso y había GUARDIAS ARMADOS que lo vigilaban día y noche para asegurarse de que nadie intentara escapar.

• Un paso limitado

El Check point Charlie era uno de los pocos puestos de control donde solo algunas personas como periodistas, militares o embajadores, podían cruzar el Muro, pero solo con permisos especiales que eran estrictamente controlados por los guardias estadounidenses y soviéticos.

• Pero, ¿quién era Charlie?

En realidad, Charlie no era una persona. El nombre del puesto de control C deriva de un alfabeto especial codificado en el que cada letra se corresponde con una palabra fácil de entender por radio. ¿A CUÁL CORRESPONDE LA INICIAL DE TU NOMBRE?

A - Alfa	**J** - Juliet	**S** - Sierra
B - Bravo	**K** - Kilo	**T** - Tango
C - Charlie	**L** - Lima	**U** - Uniform
D - Delta	**M** - Mike	**V** - Victor
E - Echo	**N** - November	**W** - Whisky
F - Foxtrot	**O** - Oscar	**X** - X-Ray
G - Golf	**P** - Papa	**Y** - Yankee
H - Hotel	**Q** - Quebec	**Z** - Zulu
I - India	**R** - Romeo	

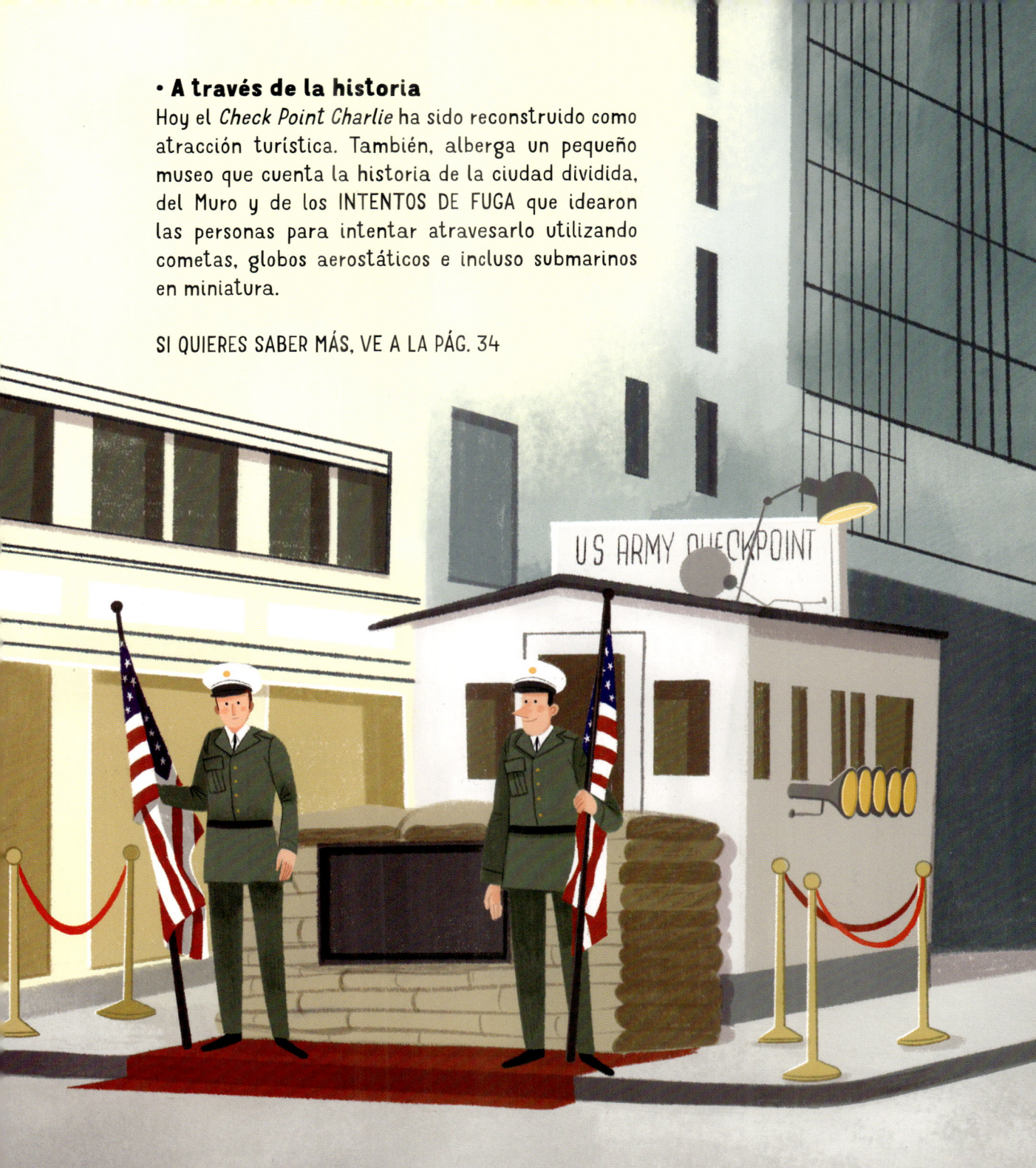

• A través de la historia

Hoy el *Check Point Charlie* ha sido reconstruido como atracción turística. También, alberga un pequeño museo que cuenta la historia de la ciudad dividida, del Muro y de los INTENTOS DE FUGA que idearon las personas para intentar atravesarlo utilizando cometas, globos aerostáticos e incluso submarinos en miniatura.

SI QUIERES SABER MÁS, VE A LA PÁG. 34

Los números del Muro

Año de construcción:
1961

Año de caída:
1989

Longitud entre Berlín Occidental y Berlín Oriental:
43 km

Longitud general:
155 km

Altura:
3,6 metros

Torres de vigilancia:
302

Búnkeres: 20

Pasillos vigilados por perros:
259

DESCUBRIMOS OTRAS CURIOSIDADES SOBRE EL *BERLINER MAUER*

• **Divididos por un muro**
Imagina que ya no puedes ver a tus amigos o familiares porque viven al otro lado de un muro.

ESTO, POR DESGRACIA, ES LO QUE LES SUCEDIÓ A TANTAS FAMILIAS DE BERLÍN QUE DE UN DÍA PARA OTRO NO PUDIERON MÁS ABRAZARSE.

• **La caída**
El Muro se mantuvo en pie durante 28 largos años. El 9 de noviembre de 1989, el Gobierno anunció finalmente que LOS CIUDADANOS DEL ESTE ERAN LIBRES DE VIAJAR A ALEMANIA OCCIDENTAL.

Los puestos de control se abrieron e inmediatamente se reunió una multitud que, armada con PICOS y MARTILLOS, comenzó a derribar aquellos ladrillos que los habían mantenido divididos durante tanto tiempo.

¡FUE UNA NOCHE DE GRANDES CELEBRACIONES!

• Lo que queda del Muro

El Muro fue derribado pieza por pieza, pero aquí y allá quedan fragmentos que nos recuerdan la importancia de la PAZ y de la LIBERTAD. La East Side gallery es la sección más amplia que queda: 1,3 kilómetros que 118 artistas de 21 países han convertido en una galería de arte al aire libre.

¡La aventura continúa!

DDR MUSEUM

4

GENDARMENMARKT

3

1

ALEXANDERPLATZ

2 CATEDRAL
DE BERLÍN

RUTA - 3

Hoy comenzaremos nuestra ruta subiendo a una extraña torre donde tomaremos un helado mientras giramos sobre el cielo de Berlín. Escucharemos el concierto del órgano más grande del país, subiremos a bordo de una máquina del tiempo y terminaremos el día con la etapa más dulce que se pueda imaginar.

ESTOY LISTO, *UND DU?*

• La Isla de los Museos

Emergiendo sobre el río *Spree* y conectada al continente por medio de cómodos PUENTES, se encuentra una isla rodeada de vegetación donde hay nada menos que cinco museos. Algunos cuentan la historia de personas que vivieron hace mucho tiempo, otros muestran pinturas preciosas pintadas por artistas famosos y estatuas, y hallazgos de los rincones más lejanos del mundo. Un lugar lleno de historia y de relatos y aventuras que imaginar y vivir.

• ¡Más puentes que Venecia!

Berlín cuenta con 969 puentes que atraviesan ríos, canales y lagos. Algunos son muy antiguos, como el puente de *Jungfern*, otros han sido reconstruidos recientemente, como el muy querido *Oberbaumbrücke*, que se convirtió en el símbolo del renacimiento de Berlín. ¡Con sus torres altas y sus elegantes arcos, parece casi un castillo de cuentos de hadas!

ALEXANDERPLATZ

Aquí estamos en mi plaza favorita, je je,
¡la más grande de Berlín!

Situada en el corazón de la ciudad, *Alexanderplatz*, o *Alex*, como la llaman cariñosamente los berlineses, tiene una extensión de unos doce campos de fútbol. Sin embargo, su nombre no es un homenaje al oso aquí presente, sino al ZAR ALEJANDRO I DE RUSIA quien visitó Berlín en 1805. Originalmente se llamaba *Ochsenplatz*, que en alemán significa... PLAZA DE LOS BUEYES. Es aquí donde se celebraba la feria del ganado.

A UN LADO DE LA PLAZA, UBICADO SOBRE UN MOSAICO DE PIEDRA QUE REPRESENTA LA ROSA DE LOS VIENTOS, SE ENCUENTRA UN ENORME Y EXTRAÑO RELOJ.

• Todas las horas del mundo

El *Urania Weltzeituhr* está formado por un gran cilindro con 24 lados, cada uno de los cuales corresponde a una zona horaria diferente. En el interior del cilindro hay un anillo con los números coloreados que gira e indica qué hora es en las principales ciudades del mundo.

• La torre de televisión

Con 368 metros de altura, la *Fernsehturm* es el edificio más alto de Alemania. Fue construida en 1969 para transmitir las señales de televisión, pero hoy en día se ha convertido en una importante atracción turística. De hecho, a unos 203 metros hay una plataforma panorámica a la que se puede acceder con un *superlift* (¡un «superascensor»!) que tarda solo 40 segundos. Como alternativa, también están los 986 escalones.

MMHH, ESTA MAÑANA COMÍ DEMASIADOS PEPINILLOS, ¿QUÉ TE PARECE SI SUBIMOS EN ASCENSOR?

• Gira y saborea

A 207 metros de altura se encuentra un fantástico bar restaurante, ¡que gira 360 grados dos veces por hora!

¿TE APETECE UN HELADO TURMI? ¿CHOCOLATE, VAINILLA O FRESA?

31

CATEDRAL DE BERLÍN

Aquí estamos frente al *Berliner Dom*,
la iglesia más grande e imponente de Berlín

Es tan grande que incluso la COLUMNA DE LA VICTORIA podría caber en ella sin tocar la parte superior. El techo está formado por una gigantesca CÚPULA VERDE BRILLANTE a la que se puede subir si tienes la valentía de afrontar... ¡270 escalones! Desde la terraza, las vistas son magníficas y se puede ver fácilmente la bonita avenida arbolada *Unter den Linden*, *Gendarmenmarkt* y la Isla de los Museos.

• Sonidos celestiales

El interior de la catedral está repleto de magníficas decoraciones, mosaicos y vidrieras, pero lo más sorprendente es el gigantesco órgano con sus 7269 tubos, uno de los más grandes de toda Alemania.

ME ENCANTA *DIE MUSIK*,
¿Y A TI?

DDR MUSEUM

¿Nos preparamos para dar un salto al pasado y descubrir cómo era la vida durante la RDA?

Después de la Segunda Guerra Mundial, toda Alemania quedó dividida en dos partes. La RDA era la Alemania del Este, cerrada por el Muro, donde los ciudadanos vivían con pocas libertades y donde la policía secreta controlaba todo a través de los espías.

• Un viaje en el tiempo

En el Museo de la RDA podrás sumergirte de forma completa e interactiva en la vida cotidiana en la época del Muro. Podrás entrar en un apartamento típico o conducir un *coche Trabant*, sentarte en los pupitres de la escuela, hacer las compras en un supermercado, ponerte trajes de época, probar los juguetes favoritos de los niños o descubrir los dibujos animados que podían ver.

FUERON UNOS 5000 LOS ALEMANES QUE, CANSADOS DE LA TIRANÍA, LOGRARON ESCAPAR Y ATRAVESAR EL MURO: ALGUNOS LO HICIERON DE UNA MANERA REALMENTE GENIAL. DA LA VUELTA A LA PÁGINA PARA SABER MÁS.

ESCAPADAS ROCAMBOLESCAS

• Una hazaña acrobática

En 1962, el acróbata alemán *HORST KLEIN* decidió intentar escapar aprovechando sus habilidades circenses. Subió al enrejado de un cable eléctrico en desuso y caminó en equilibrio sobre el cable hasta superar la pared.

LAMENTABLEMENTE, AL FINAL SE SINTIÓ ATRAPADO POR EL CANSANCIO Y CAYÓ, PERO SE SALIÓ CON LA SUYA CON UNA FRACTURA QUE LE VALIÓ LA LIBERTAD.

• Sábanas volantes

Un mecánico y un albañil, con la ayuda de sus respectivas esposas, construyeron un rudimentario globo utilizando sábanas... ¡y el motor de un ventilador!

DESPUÉS DE DOS INTENTOS FALLIDOS, EN 1979 LOGRARON VOLAR 2,5 KILÓMETROS HASTA QUE EL GLOBO PERDIÓ ALTURA. ¡PERO YA ESTABAN A SALVO!

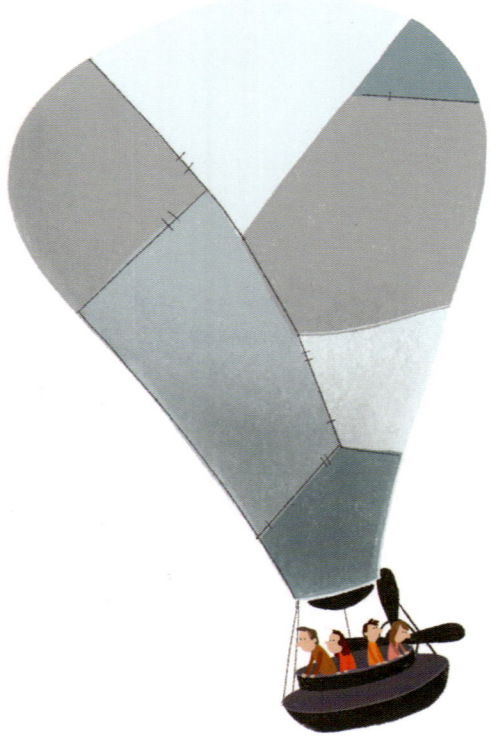

• Fuga subterránea

En 1962, dos estudiantes italianos idearon un plan brillante para permitir que sus amigos y familiares escaparan. Junto con otros voluntarios cavaron durante meses un largo túnel subterráneo desde la parte occidental hasta una bodega en la parte oriental.

VEINTINUEVE PERSONAS LOGRARON LA LIBERTAD ANTES DE QUE EL TÚNEL QUEDARA SUMERGIDO EN EL AGUA.

• El verdadero arte de la fuga

Los tres HERMANOS *BETHKE* eran verdaderos magos de la fuga. *INGO* logró escapar a través del río a bordo de una colchoneta. *HOLGER* conectó una casa de la parte oriental a una de la parte occidental por medio de un cable lanzado con arco y flechas y sobre el que descendió gracias a una especie de polea. *EGBERT* fue salvado por los hermanos que lo recogieron en un pequeño avión pintado de tal forma que le permitió camuflarse.

GENDARMENMARKT

¡Ven aquí, hay otra *schönen* plaza por descubrir!

Con el fascinante edificio de la sala de conciertos flanqueado por dos espléndidas cúpulas gemelas, las estatuas y las románticas farolas de gas, *Gendarmenmarkt* es considerada la PLAZA MÁS BONITA DE BERLÍN. Hoy en día es un lugar muy querido por los ciudadanos que vienen aquí para pasear o escuchar un concierto, mientras que en otros tiempos esta zona fue el hogar de los establos de los coraceros del ejército y, por eso, todavía hoy se llama PLAZA DE LOS GENDARMES.

• Casi gemelas

Imposible no advertirlo. La catedral francesa y su gemela alemana, ambas con una imponente torre con cúpula, ¡parecen exactamente idénticas!

• Mirando el cielo

Saca los prismáticos porque en la cima del *Konzerthaus* hay algo interesante que ver: Apolo, el dios griego de las artes y la música que conduce un carro tirado por extraños animales con cuerpo de león y cabeza y alas de águila: se llaman *grifos* y en la mitología griega eran considerados protectores y guardianes.

A MÍ, EN REALIDAD, ME DAN UN POCO DE MIEDO.
¿Y A TI?

HEMOS LLEGADO A LA ETAPA MÁS
DULCE DE ESTA RUTA. ¡QUÉ RICO!

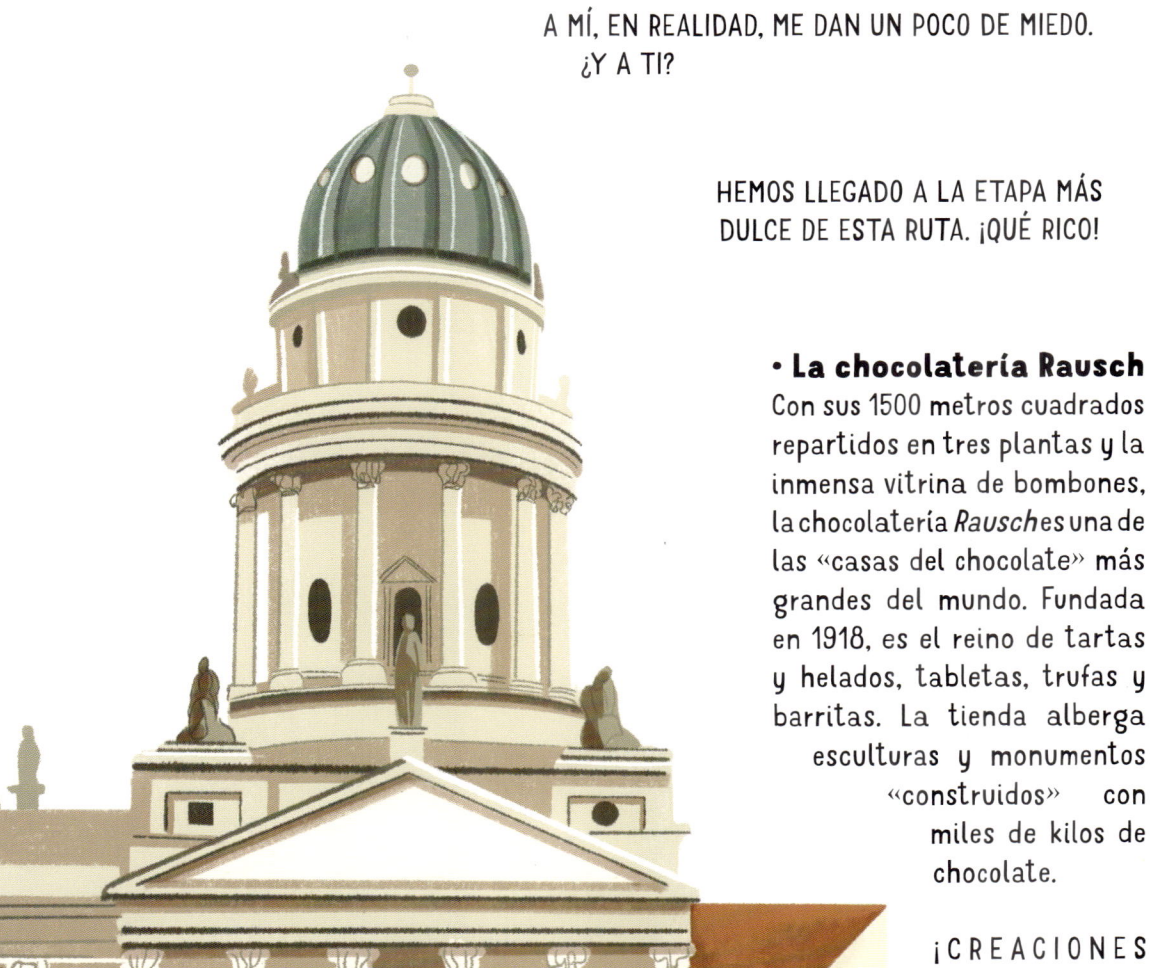

• La chocolatería Rausch

Con sus 1500 metros cuadrados repartidos en tres plantas y la inmensa vitrina de bombones, la chocolatería *Rausch* es una de las «casas del chocolate» más grandes del mundo. Fundada en 1918, es el reino de tartas y helados, tabletas, trufas y barritas. La tienda alberga esculturas y monumentos «construidos» con miles de kilos de chocolate.

¡CREACIONES
REALMENTE
SUBLIMES, DIGNAS
DE WILLY WONKA!

¡Comienza la última aventura!

LA FUENTE DE
LOS CUENTOS
DE HADAS

2

1

PALACIO DE
CHARLOTTENBURG

3

LOS
JARDINES
DEL MUNDO

Hoy viajaremos de este a oeste para descubrir tres fabulosos lugares verdes fuera del centro de la ciudad. Buscaremos castores y ovejas con cuernos en los jardines de un castillo real, subiremos a bordo de un barco, contaremos cuentos de hadas ante las salpicaduras de agua de extraños príncipes rana y finalmente viajaremos desde Chile hasta China. NO, MEIN KIND, NO ME VOLVÍ LOCO, ¡SÍGUEME Y VERÁS!

• ¡Prepárate para el despegue!

Con más de 2 500 parques y jardines, Berlín es considerada una de las metrópolis más *verdes* de Europa. Entre los espacios verdes más insólitos se encuentra el inmenso Tempelhofer Feld, que originalmente era nada menos que... ¡la pista de un aeropuerto! Hoy, sin embargo, en lugar de subirse a un avión, se puede montar en patines, bicicletas, patinetes y en los rapidísimos *landsegler*, barcos de vela insólitos... CON RUEDAS.

• Tradiciones inusuales

Con tres ríos, siete canales y más de cincuenta lagos, muchos de ellos aptos para bañarse, Berlín es considerada una verdadera ciudad acuática. Entre las tradiciones más extrañas, se encuentra la del *Weihnachtsschwimmen*. Cada año en diciembre, un grupo de temerarios vestidos de reno, Papá Noel u otros disfraces navideños, se zambulle en las aguas heladas del *Orankesee*. ¿LOCOS O VALIENTES?

PALACIO DE CHARLOTTENBURG

¡Estamos entrando en la residencia de verano de la reina de Prusia!

Este maravilloso castillo, uno de los palacios más grandes y suntuosos de Berlín, fue encargado por la reina SOFÍA CARLOTA hace más de trescientos años. La reina amaba el arte y la música y, por esta razón, las elegantes salas del palacio a menudo albergaban exposiciones y conciertos de músicos de todo el mundo. Desafortunadamente, la reina murió muy joven y el soberano, para rendirle homenaje, ordenó que el castillo tomara su nombre.

• Alle an Bord!

A la reina le encantaba volver en barca a su castillo de Berlín. ¿Qué te parece si nosotros también lo hacemos? Existen numerosos cruceros que navegan por el río Spree y conectan Charlottenburg con el centro de la ciudad.

¡¿TE ATREVES
A SUBIR A BORDO?!

• Un castillo lleno de animales

El palacio está rodeado de espléndidos JARDINES BARROCOS donde se puede pasear libremente por los lagos y árboles centenarios, montar en bicicleta, ir de pícnic o divertirse en el bonito parque infantil.

¡Y EN INVIERNO HAY UNA COLINA DONDE PUEDES DESLIZARTE CON EL TRINEO!

¿PERO SABES QUÉ ES LO QUE PREFIERO HACER? Buscar todos los animales que se esconden en el parque, ¡ranas, peces, pajaritos, castores e incluso un rebaño de divertidas ovejas con cuernos!

¿LOGRARÁS ENCONTRAR A TODOS?

41

LA FUENTE DE LOS CUENTOS DE HADAS

¡Hemos llegado a uno de los lugares más fabulosos de Berlín!

La *Märchennbrunnen*, que en alemán significa «fuente de los cuentos de hadas», se inauguró en 1914 con la intención de crear un lugar encantado en el que los niños pudieran sumergirse en el mundo de los cuentos de hadas. Es un lugar verdaderamente mágico que se encuentra en un lugar igualmente encantado: el Volkspark Friedrichshain, ¡el parque más antiguo de Berlín!

• Los cuentos de los hermanos Grimm

La gran fuente está compuesta por un tanque central conectado a nueve tanques más pequeños dentro de los cuales hay siete ranas traviesas. Una de estas ranas es, por supuesto, la protagonista de *El príncipe rana*, uno de los extraordinarios cuentos de hadas popularizados por los hermanos Grimm. ¡PERO NO ES EL ÚNICO!

Alrededor de los tanques, otras diez estatuas representan nueve historias muy queridas por los niños: *Hansel y Gretel, Los siete cuervos, Cenicienta, Juan con suerte, Los dos hermanitos, Blancanieves y los siete enanitos, El gato con botas, La bella durmiente del bosque...* y seguro que ya habrás entendido el nombre del último cuento, una niña al lado de un lobo con la lengua colgando y la mirada hambrienta...

¡ES CAPERUCITA ROJA!

• ¿Por qué las dos estatuas de Hansel y Gretel están sentadas sobre un pato?

Según una de las numerosas versiones del cuento, los dos niños después de derrotar a la bruja empujándola al horno, se adentran de nuevo en el bosque para volver a casa, pero se encuentran frente a un río.

¿ADIVINAS QUIÉN LES AYUDA A ATRAVESARLO?
EXACTO... ¡DOS PATOS!

DESCUBRAMOS MÁS SOBRE LOS HERMANOS GRIMM

• Quiénes son

Jacob y *Wilhelm Grimm* nacieron hace más de dos siglos en *Hanau* (Alemania). Aunque de carácter muy diferente, los dos hermanos compartían una gran pasión por la literatura y los cuentos. Temiendo que muchos cuentos de hadas no escritos se perdieran con el tiempo, los dos hermanos decidieron recopilarlos en un libro que llamaron *Cuentos de la infancia y el hogar.*

• Atrapadores de cuentos de hadas

Los Grimm vivieron juntos toda su vida, incluso después de que Wilhelm se casara y tuviera hijos. Pasaron los últimos años de su vida en Berlín en un apartamento cerca del *Tiergarten* donde iban a menudo a pasear. Fueron enterrados uno al lado del otro en el antiguo cementerio de San Mateo, donde, todavía hoy, los adultos y los niños les rinden homenaje dejando en las tumbas los dibujos que representan sus famosos cuentos de hadas.

• Brrr, ¡qué miedo!

Para recopilar los cuentos de hadas, los Grimm viajaron de pueblo en pueblo por la campiña alemana, escuchando los relatos —a veces aterradores— que las abuelas contaban junto al fuego, y a cualquiera que tuviera una historia que contar.

DESPUÉS DE COMPARAR LAS DIFERENTES VERSIONES, ¡REESCRIBIERON MÁS DE DOSCIENTOS CUENTOS DE HADAS!

LOS JARDINES DEL MUNDO

¿Nos preparamos para dar la vuelta al mundo?

Nein, mein liebes Kind, tu querido oso no se ha vuelto del todo loco. Los *Gärten der Welt* son un gigantesco PARQUE BOTÁNICO que contiene jardines temáticos inspirados en muchos continentes y hábitats diferentes del mundo: desde Bali hasta Japón, desde China hasta Corea y también jardines italianos e ingleses, además de un laberinto de setos compuesto por 1 225 plantas de tejo de dos metros de altura.

YO, SI ME PONGO DE PUNTILLAS, TAL VEZ PUEDA ECHAR UN VISTAZO, PERO... ¿TÚ PODRÁS LLEGAR HASTA LA TORRE DEL CENTRO SIN PERDERTE?

• Diversión para todos los gustos

Además de los jardines temáticos, en este formidable parque se puede entrar en INVERNADEROS TROPICALES, ir en busca de obras de arte, hacer una búsqueda del tesoro, subir a un extraño paseo a 120 metros de altura, divertirse en uno de los increíbles parques infantiles y finalmente, volar a bordo de un TELEFÉRICO que se balancea a 35 metros de altura sobre el parque.

PERO, CUIDADO: SEIS CABINAS TIENEN EL FONDO DE VIDRIO. ¿TIENES LA VALENTÍA SUFICIENTE PARA SUBIRTE?

ESPERO QUE BERLÍN HAYA ENCONTRADO
UN LUGAR EN TU CORAZÓN Y QUE TAMBIÉN
HAYA UN SITIO PARA MÍ. ESTARÉ AQUÍ
ESPERÁNDOTE CADA VEZ QUE QUIERAS
VOLVER, ¡ESTA CIUDAD TIENE MUCHOS
MÁS LUGARES POR DESCUBRIR!

TÚ SIGUE VIAJANDO Y OBSERVANDO
EL MUNDO SIEMPRE CON LOS OJOS LLENOS
DE ASOMBRO.

AUF WIEDERSEHEN!

LAURA RE

Nacida en Roma, asistió a la Scuola Romana de Cómics. Inmediatamente después, colaboró con estudios de animación, donde ocupó el puesto de diseñadora de personajes, artista conceptual e ilustradora. Tras asistir a la Escuela Internacional de Ilustración de Sàrmede, se trasladó a Milán para cursar el Máster en Ilustración de Mimaster. Aquí ha profundizado sus conocimientos sobre la edición y la ilustración infantil.

DANIELA CELLI

Nació en Florencia en 1977. Después de estudiar piano en el conservatorio ‹Luigi Cherubini›, se trasladó a Nueva York, donde comenzó a estudiar Criminología. En 1997 regresó a Italia y se graduó en Derecho y obtuvo, además, un diploma en la Academia de Artes Dramáticas. Siempre apasionada por los viajes, desde 2008 escribe en un blog sobre las aventuras con su familia viajando por todo el mundo.

Maquetación: Valentina Figus

© 2025 White Star s.r.l.
Piazzale Luigi Cadorna, 6
20123 Milán, Italia
www.whitestar.it

Licenciatario de National Geographic Partners, LLC.

NATIONAL GEOGRAPHIC and Yellow Border Design are trademarks of the National Geographic Society, used under license.

Traducción: Qontent
Edición: Yaiza Leal Cañizares

ISBN 978-88-540-5790-6
1 2 3 4 5 6   27 26 25 24 25

Impreso en China
por DONG GUAN CHUANG
DA PRINTING CO., LTD.

MIXTO
Papel | Apoyando la silvicultura responsable
FSC® C178000

Herr Bär Alex vive en Berlín con su familia. Aunque por su tamaño a veces es un poco torpe, le gusta salir de aventuras, pero lo que más le apasiona es tumbarse en un parque y escuchar música. Le encanta dar a conocer la ciudad a los pequeños exploradores y nunca anda por ahí sin llevar un tarro de sus pepinillos favoritos.